Rossana Bruzzone

Édition
Neige en couleur
Montréal (QC) H2V1A5
Tel. 514 806-4057
Courriel : info@neigeencouleur.com

Illustrations en couverture et intérieures
Denys Brustello

Photo quatrième de couverture : Saphir optimiste

Dépôt légal
Bibliothèque et Archives nationales du Québec, 2017

ISBN 978-2-9816873-0-2
Imprimé au Canada

À une vie plus joyeuse

Remerciements

Je remercie du fond du cœur:

Jérôme Pruneau, directeur de Diversité Artistique Montréal, qui y a cru dès le départ et m'a encouragée fortement;

Luc Maurice, président de Le Groupe Maurice, qui a fait grande confiance à ce travail, en offrant une généreuse contribution pour les impressions;

Denys Brustello, un ange de l'infographie, qui m'a assistée pas à pas dans ce rêve;

Mélanie Hébert, présidente de Jack Marketing, grande supporter et amie;

Karina Garcia, qui avec Mélanie m'a aidée à découvrir et analyser le potentiel de cette oeuvre;

Sandra Lucidi, Frédéric Raguenez e Marion Vandoni, qui ont révisé les textes avec enthousiasme;

Sara Ottoboni, coach professionnelle, qui y a cru tellement qu'elle a fait des prosélytes;

Franck Billaud, mon collègue et ami, qui partage avec moi doutes et efforts, rêves et espoirs;

Serge Maquis, qui m'a fait l'honneur d'écrire la préface de ce livre;

Les personnes qui ont essayé les défis, en me faisant part de leurs impressions et expériences; mes clients, en particulier les affectionnés des ateliers d'écriture optimiste, qui me réservent à chaque fois émotions et surprises; mes amis, qui avant même de lire ce livre, se sentaient déjà un peu plus optimistes.

Merci. Vous êtes mon carburant, votre confiance me touche et m'aide à redécouvrir au fil des jours le vrai sens de ma mission.

Rossana Bruzzone

Table des matières

Première partie : Parlons-en !

1. C'est qui, la poule joyeuse?
2. La poule joyeuse ne s'impose pas
3. L'optimisme, c'est une habitude
4. Les résultats comptent, quand même
5. La beauté est dans tes yeux
6. Je te propose un exercice
7. Le petit prince n'est pas un rêveur
8. Ce n'est pas vrai que l'on aime les mauvaises nouvelles
9. Fais des hypothèses joyeuses
10. Le mythe du pessimiste-réaliste
11. L'amour est plus fort
12. L'émerveillement et la gratitude, sources d'optimisme
13. Nourrir son enfant intérieur, cela fait des miracles
14. La fraise parfaite
15. La chasse à l'erreur : quel jeu pervers!
16. La limite de «je ne suis pas doué»
17. Et si on essayait ?

Deuxième partie : Les Défis

Préface

Il y a des anges sur terre. Plusieurs personnes le savent. Mais si vous êtes de ceux ou celles qui ne le savent pas, c'est que vous n'avez pas encore rencontré Rossana. Elle a des ailes partout. Dans ses mots, dans ses gestes, dans ses regards. Chez elle tout est « ailé ». Dès la première rencontre elle vous prend par la main et vous invite à vous envoler avec elle. Sa présence est comme ça. Vous êtes en sa compagnie et, en un instant, vous voyez le monde comme il est possible de le voir : avec ses chants, ses couleurs, ses parfums, ses textures, ses saveurs. Elle vous rappelle où est la lumière, au cas où vous l'auriez oublié. Ou vous le fait découvrir si vous ne l'avez jamais su.

Rossana connaît des passages secrets vers la beauté et vous y conduit spontanément, sans rien attendre en retour. Elle vous guide, certes, mais de la plus belle façon qui soit : en vous montrant comment retrouver ce chemin par vos propres moyens et, surtout, en vous montrant que ces moyens sont en vous.

Si on me demandait de décrire Rossana, je dirais qu'elle a des cadeaux plein les ailes et qu'elle les offre à chaque battement. Comme cette poule magique qu'elle nous présente pour illustrer que l'optimisme n'est pas une manière naïve de composer avec l'existence mais une façon d'utiliser son potentiel pour savourer pleinement cette existence.

Rossana ne porte pas de lunettes roses, loin de là, elle offre des moyens concrets pour que nous puissions ajuster notre vision, et les exercices qu'elle propose vont en ce sens. Elle sait, puisqu'elle l'incarne, que nous sommes toutes et tous en mesure de nous connecter à notre capacité d'aimer et de construire un monde où la paix nous relie. Ce petit livre est un merveilleux manuel d'instructions pour nous aider à ne plus jamais perdre de vue notre nature la plus profonde.

Serge Marquis

Introduction

Optimiste : est-ce que l'on naît ou on peut le devenir ?

Mon défi, c'est de démontrer que l'on peut devenir optimiste, jour après jour.

Un écrivain du siècle passé, Luigi Malerba, a publié un livre qui est un bijou : "Les poules pensives". Ce recueil d'anecdotes inventées, où l'on voit toute sorte de poules en action, c'est un portrait extraordinaire de tous les types humains, les plus drôles et variés. Parmi eux, brille la poule joyeuse. C'est une poule qui avait pris l'habitude de chanter à toutes les heures, même si elle n'avait pas pondu.
Autrement dit, elle avait fait le choix du bonheur - car une habitude, c'est le fruit d'un choix.
J'ai été frappée par cette histoire, car j'ai vu ce qui s'est passé, dans ma vie, quand j'ai fait le choix du bonheur.

Quand j'enseignais au secondaire, j'encourageais mes étudiants à noter, tous les jours, les "événements chanceux" de leur vie, sur un cahier spécial. C'est quoi un événement chanceux ?, m'ont-ils demandé. Un sourire d'un inconnu; un appel inattendu; un match de soccer dans une journée ensoleillée... Et voilà, les possibilités de bonheur se multipliaient comme par magie. Ils reconnaissaient les événements chanceux partout et le vendredi, quand arrivait le moment de partager, le temps ne suffisait jamais.

Dans ma vie, j'ai fait la même chose. J'ai commencé à partager avec mes amis, de vive voix et sur les médias sociaux, mes moments de bonheur au quotidien.
Dans ce livre, vous en trouverez quelques-uns… mais la liste serait infinie.

Ici à Montréal, je m'occupe d'écriture optimiste : c'est une forme d'écriture autobiographique qui vise à souligner, et à partager, la beauté de notre vie.

L'écriture est une façon de nous apercevoir de notre bonheur, mais il y en a d'autres.
Ce manuel vous propose donc d'expérimenter ces moyens, à travers une petite action, un défi, par jour : 21 jours, le temps qu'il faut, selon de nombreuses études, pour acquérir une nouvelle habitude.

Parce que le bonheur, comme la poule joyeuse nous l'a bien dit, c'est une habitude. Et l'optimisme, c'est la meilleure façon pour en être conscient.

Bonne lecture et… bon défi !

Rossana Bruzzone

Le défi optimiste

21 jours de bonheur

Première partie : Parlons-en !

C'EST QUI, LA POULE JOYEUSE?

Cher lecteur, chère lectrice, je comprends ton étourdissement.

Dans la vie, ça arrive de se poser plein de questions. Quel est le style que nous voulons adopter; qui est l'homme ou la femme qui pourrait nous correspondre le plus; est-ce mieux d'acheter une voiture ou une bicyclette.

Mais se demander qui est la poule joyeuse, je le comprends, ça n'arrive pas à tout le monde. Il se peut même que quelqu'un ait passé toute sa vie sans la connaître, la poule joyeuse. Puis, à un moment donné, sans te prévenir, elle entre dans ta vie. Et tu ne peux plus t'en libérer.

LA POULE JOYEUSE NE S'IMPOSE PAS

Ce n'est pas parce qu'elle s'impose, hein. La poule joyeuse, elle, ne s'impose pas. C'est tout simplement qu'on s'affectionne, et on ne peut plus faire sans. Je te la présente, sans plus hésiter.

Une poule joyeuse avait pris l'habitude de chanter à toutes les heures, qu'elle eût pondu ou pas. La maîtresse qui arrivait dans le poulailler, ne trouvant pas d'oeuf s'en allait agacée. «Mais pourquoi donc chantes-tu ?» demandaient les copines. «Je chante parce que je suis heureuse», répondait la poule joyeuse. Les copines n'arrivaient pas à comprendre, elles pensaient qu'elle était devenue folle. Pourtant, elle cherchait à expliquer qu'elle n'était pas folle, mais juste heureuse, et disait : «Quoi de mal à être heureuse ?»

(de "Les poules pensives", de Luigi Malerba, citation libre)

Quelle force de caractère, n'est-ce pas ? Imagine - la. Toutes les poules chantent seulement si elles ont pondu. La poule joyeuse s'en fiche, et chante comme ça, parce qu'elle en a envie. À toutes les heures. La maîtresse, elle, s'attend à quelque chose. Forcément. Si elle chante, c'est le signe qu'elle a pondu. Mais la poule, de son côté, est fatiguée de suivre les instructions. Elle se donne le droit de chanter, n'importe quand, qu'importe ce qu'elle a fait ou n'a pas fait. Comme ça, car c'est sa nouvelle habitude.

L'OPTIMISME, C'EST UNE HABITUDE

Pour la poule joyeuse un optimiste c'est quelqu'un qui chante même s'il n'a pas pondu. Ou, mieux, c'est quelqu'un qui chante parce qu'il est heureux, sans attendre d'avoir pondu.

Il prend l'habitude d'être heureux aujourd'hui, sans attendre la promotion au travail, le voyage exotique, le week-end, le prochain train. Il est heureux et c'est tout. La poule joyeuse, elle, s'en fiche de la maîtresse et de sa déception, de ses copines et de leurs références. Elle continue de chanter, parce que ça lui semble bon.

Et toi, à qui veux-tu donner le droit de déterminer quand et à quelles conditions tu pourras chanter? Et jusqu'à quand? La poule joyeuse, elle, n'attend aucune approbation pour être heureuse.

LES RÉSULTATS COMPTENT, QUAND MÊME

Ce n'est pas que la poule ne pond jamais. Elle pond comme les autres. C'est juste qu'elle chante le double.

Ce n'est pas que les objectifs, l'argent, les voyages, les week-ends, sont à jeter à la poubelle. C'est juste que, si tu attends tout ça pour être heureux, tes moments de bonheur seront beaucoup moins fréquents. C'est comme si tu avais une boîte, pleine de surprises, et que tu décidais d'en prendre seulement quelques unes. Dommage, n'est-ce pas ?

Pourquoi être heureux juste de temps en temps, quand tu peux l'être tous les jours ?

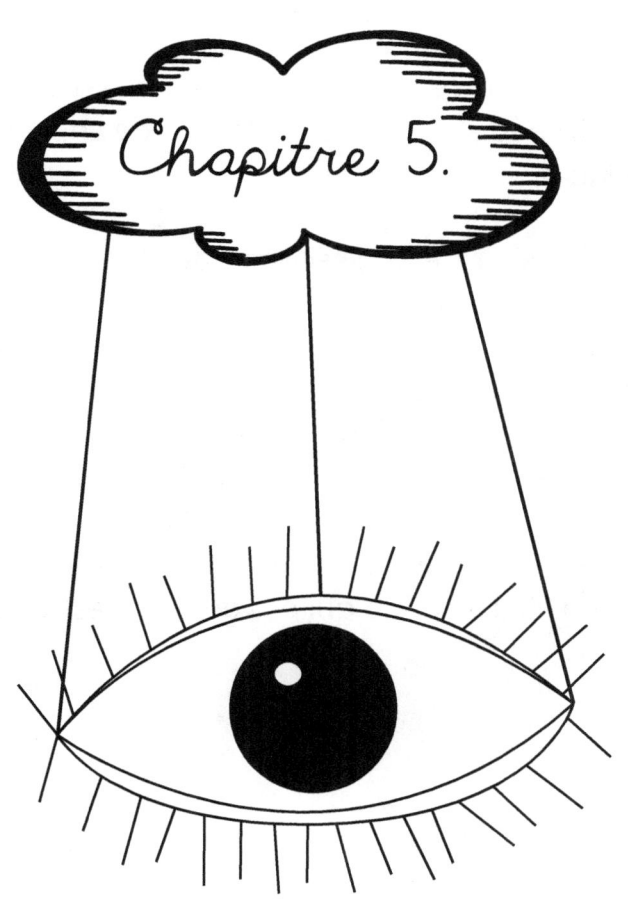

LA BEAUTÉ EST DANS TES YEUX

Je sais ce que tu veux dire. Que se passe-t-il, à tous les jours, de si spécial ? Il se passe des tas de choses.
Ça dépend de ce que tu veux voir.

Si quelqu'un s'arrête une seconde de plus pour te tenir la porte quand tu vas entrer dans le métro, tu as le droit d'être heureux. Si un inconnu te fait un sourire, tu as le droit d'être heureux. Si tu demandes une information et qu'une personne te la donne, tu as le droit d'être heureux. Si une couleur inattendue te surprend, tu as le droit d'être heureux.

Rien ne sera jamais suffisamment bon si tu ne lui accordes pas le droit de l'être. Ce qui est génial, c'est que tu as le choix.

JE TE PROPOSE UN EXERCICE

Installe-toi confortablement. Et penses-y un peu. C'est quand la dernière fois que tu as chanté, même si tu n'avais pas pondu ? Ça ne veut pas dire que tu avais échoué. Non, c'est juste que tu n'avais pas gagné à la loterie, ni trouvé ton prince charmant, ni ta reine impériale.

Serais-tu capable de ressentir encore cette joie, cette sensation de bonheur, que tu avais ressentie «en chantant» ? En prenant le droit d'être heureux dans un moment «normal», mais qui pour toi en valait la peine ?

As-tu envie de décrire ce moment en quelques lignes ? Et si après tu le partageais avec quelqu'un de cher ? Comment te sentirais-tu ? Fais-en l'expérience, puis écris-moi, si tu le veux.

LE PETIT PRINCE N'EST PAS UN RÊVEUR

Ma vie est monotone. Je chasse les poules, les hommes me chassent. Toutes les poules se ressemblent, et tous les hommes se ressemblent. Je m'ennuie donc un peu. Mais, si tu m'apprivoises, ma vie sera comme ensoleillée. Je connaîtrai un bruit de pas qui sera différent de tous les autres. Les autres pas me font rentrer sous terre. Le tien m'appellera hors du terrier, comme une musique.

Le renard au Petit Prince, «Le Petit Prince»

Le Petit Prince n'est pas un rêveur. Il est quelqu'un de vrai. Il a les pieds sur terre.

Et le renard le sait. Quand il lui propose de l'apprivoiser, il ne pourrait rien dire de plus concret. Il lui suggère : si tu m'apprivoises, je t'attendrai. Je vivrai pour notre rencontre. Si tu prends soin de moi, rien ne pourra nous séparer.

C'est la même chose avec l'optimisme. Tu peux en prendre soin. Es-tu quelqu'un de naturellement positif, ou trouverais-tu les raisons de te plaindre même au milieu d'un paradis ? Peu importe quelle est ton habitude, la bonne nouvelle est que tu peux la changer. Commence aujourd'hui.

CE N'EST PAS VRAI QUE L'ON AIME LES MAUVAISES NOUVELLES

Je sais, tu me diras: «Ça ne marchera pas, je suis naturellement porté à chercher les mauvaises nouvelles».

Pas vrai.

Tu recherches, tout simplement, ce à quoi tu es habitué. Donc, si tu es habitué aux crimes, tu as probablement pris goût à lire à propos de ça: «Qui est l'assassin ? Et les voisins, qu'est-ce qu'ils en pensent ? Combien de sang y avait-il autour de la victime ?» Et tu continues comme ça, jusqu'aux détails les plus macabres.

Comme l'explique bien Frédéric Lenoir dans son livre «La puissance de la joie», nous sommes programmés pour nous défendre, car nos ancêtres étaient ménacés par des bêtes sauvages. Mais aujourd'hui, heureusement, nous ne vivons plus cette sorte de ménace.

Et si, alors, on s'habituait à chercher les bonnes nouvelles ? Non seulement dans les journaux, mais dans notre vie, et dans celle des autres ? Essayons!

FAIS DES HYPOTHÈSES JOYEUSES

*Si par miracle, j'étais le soleil
Pour toi seulement, je resplendirais.
Tu ne souffrirais plus, tu ne pleurerais plus...
Car je te donnerais des caresses tièdes
D'affectueuse lumière
Si par miracle, j'étais le soleil...*

Chopin - Witwicki, «Życzenie»

C'est un texte merveilleux, écrit par Stefan Witwicki, un poète polonais du romantisme, interprété sur un air de Chopin.

Si tu le lis bien, il ne s'agit pas d'autre chose que d'une hypothèse joyeuse.

Combien de fois tu te surprends à faire des hypothèses catastrophiques ? Et si ton fils avait un accident de voiture ce soir ? Et si tu perdais ton travail ? Et si ton voisin que tu aimes beaucoup déménageait ? Tomber amoureux ? Et si ça se termine ?

Tu pourrais continuer à l'infini.
Il ne s'agit pas de prétendre de ne pas voir les dangers et les risques que la vie comporte. D'être naïf, ou inconscient. Mais plutôt de considérer que la vie c'est aussi autre chose, que les possibilités sont infinies, comme tes pensées.

«Ma vie a été une série de catastrophes, dont la plupart ne se sont jamais produites.» a dit Montaigne, philosophe et politicien français.

Et si ton fils venait te voir avec le plus grand sourire, pour te raconter qu'il a passé une super soirée ? Et si ton prochain voisin était sympathique ? Et si avec ton nouveau copain ou nouvelle copine, vous commenciez à penser à fêter votre premier anniversaire ?

Si vraiment tu as envie d'imaginer, pourquoi ne pas t'amuser avec des hypothèses optimistes, voir un peu magiques ?

Si par miracle, j'étais...

Si la neige tombait en couleur...

Et si... Quoi? Continue. Amuse-toi bien.

LE MYTHE DU PESSIMISTE-RÉALISTE

Je ne peux pas être optimiste, je suis réaliste. Combien de fois as-tu entendu ça ?

Le pessimisme n'est pas du réalisme. C'est du pessimisme. C'est de prévoir le pire scénario, en tout temps.

L'optimisme, ce n'est pas de la naïveté. C'est de l'optimisme. C'est d'optimiser chaque instant de ta vie, de vivre pleinement et au mieux ton quotidien. Et de chercher, dans ta réalité, toutes tes raisons pour être heureux.

C'est quoi, qui te tente le plus ?

L'AMOUR EST PLUS FORT

Il y a une image qui a fait le tour des réseaux sociaux. Un artiste syrien, Tammam Azzam, a juxtaposé, en utilisant Photoshop, la célèbre œuvre «Le baiser» de Klimt à un édifice détruit par la guerre.

Cela a une forte valeur symbolique: c'est comme dire que, sur les horreurs, l'amour l'emporte toujours.
Quelques jours après les attentats de Paris, j'ai rencontré à la sortie du métro deux jeunes hommes qui offraient des «câlins gratuits». Ils m'ont donné aussi une «carte câlin», avec la recommandation d'échanger un câlin avec la personne suivante. Arrivée dans mon quartier, j'ai rencontré Gisèle, une camelot de «L'Itinéraire», un magazine réalisé en bonne partie et vendu par des personnes en situation de grande précarité sociale. Gisèle est une femme spéciale : touchante, gentille, sensible. Je lui ai donné mon câlin. Une dame, qui passait par là, nous a regardées et a fait un sourire : ça lui a fait du bien. Ne te laisse pas aller au désespoir. L'amour est toujours le meilleur antidote, et le plus puissant.

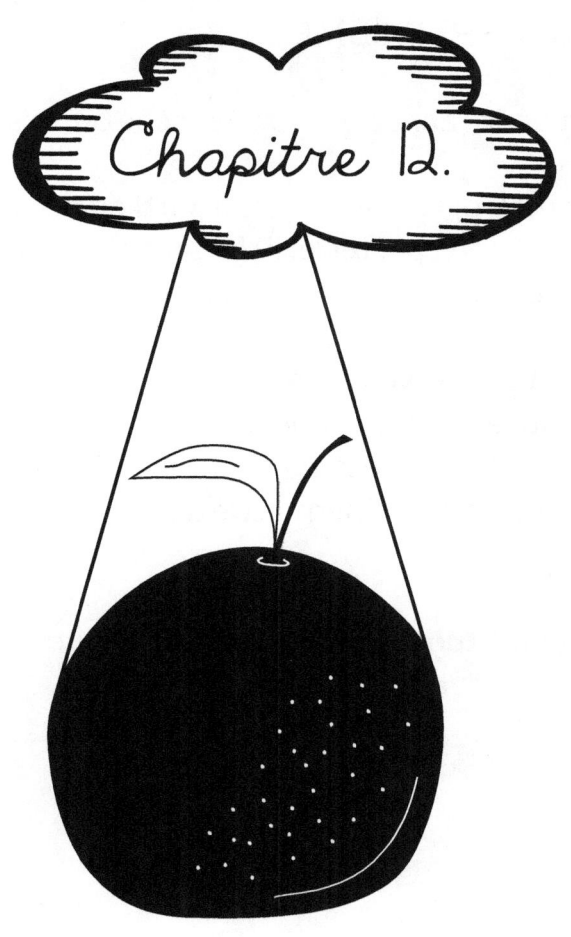

L'ÉMERVEILLEMENT ET LA GRATITUDE, SOURCES D'OPTIMISME[1]

Le dernier jour de l'année, j'ai vu une scène qui m'a touchée.

À l'arrêt du métro, le chauffeur est sorti en direction d'un itinérant qui dormait par terre. Il s'est approché de l'homme et lui a donné une orange et une barre de chocolat.

Un sentiment d'émerveillement m'a envahi. Je me suis dit qu'un tel geste est, encore une fois, la démonstration que l'amour est plus fort que la haine, et survit toujours.
J'ai remercié la vie de me permettre de savourer cet instant de poésie.

Merveille et gratitude peuvent donc être nourries et développées, et durer vraiment toute une vie.

---

[1] Ce chapitre est inspiré par l'article de Rossana Bruzzone « Émerveillement et gratitude», Le Géro-phare, février 2016.

Comment le faire?

Une bonne méthode consiste à tenir un journal où tu recueilleras tes émerveillements quotidiens. Pourquoi ?

C'est simple: en sachant que tu écriras à la fin de ta journée ce qui a été bon pour toi, tu le rechercheras davantage, tu seras plus concentré sur ce qui t' anime, te fait vibrer, ou simplement sur ce qui te donne un sentiment de joie, de paix.

Mais si tu n'es pas en amitié avec la plume, tu pourras aussi envisager des conversations avec un(e) proche ou un(e) ami(e).

Le but c'est de partager. Donc, tu pourras tranquillement te préparer à l'appel ou la rencontre en révisant ce qui s'est bien passé, ce qui t' a émerveillé et touché, et le raconter. Si tu prends le temps de vivre, puis de partager tes émerveillements, tu seras capable de gratitude et de joie. Car chaque instant mérite d'être intensément vécu, compris, et apprécié.

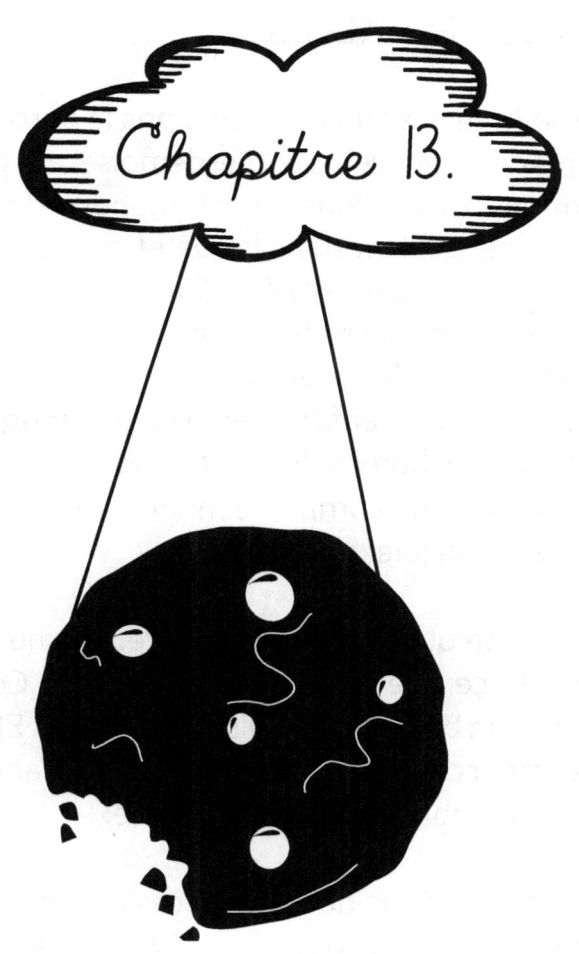

NOURRIR SON ENFANT INTÉRIEUR, CELA FAIT DES MIRACLES

J'étais dans le métro, et un homme a pris la parole. Il s'est excusé auprès des «messieurs et mesdemoiselles» présents. Puis, il a commencé à expliquer, la voix monocorde et agitée en même temps, qu'il vit dans la rue et qu'il a besoin de manger. Une belle enfant, habillée d'une jolie et drôle robe rose, probablement pour une fête costumée, d'un bond s'est levée et avec un élan plein d'enthousiasme lui a donné son magnifique biscuit pour enfants, encore enveloppé dans le papier transparent. L'homme lui a fait un sourire inoubliable, lui a dit un merci grand comme le monde entier et est descendu, seul avec sa joie.

La petite a eu une pulsion extraordinaire. Elle ne s'est pas interrogée : est-ce que c'est vrai qu'il a faim ? Comment va-t-il utiliser mon biscuit ? Devrais-je l'ignorer ? Elle a suivi une logique impeccable : il a faim, j'ai de quoi manger, je lui donne. Et ça a comblé le mendiant de joie.

Combien de fois perdons-nous des occasions de donner un sourire, pour cause de trop réfléchir ? Les enfants ont du courage. Ils osent. Ils fonctionnent avec la logique du cœur. En récupérant cette logique, tu risques d'avoir des surprises. Car tu regarderas dans les yeux l'enfant qui est en toi, pour l'envoyer à la rencontre de l'autre.

LA FRAISE PARFAITE

Le sociologue Leo Buscaglia est célèbre pour avoir créé un cours à l'University of Southern California sur le thème de l'amour. Il a rencontré un énorme succès.

Dans une de ses leçons il raconte ce que lui a confié une étudiante : «Même si je suis une fraise parfaite, il y aura toujours quelqu'un qui est allergique aux fraises. Je peux seulement devenir la meilleure moi-même. Si je suis une fraise, je ne pourrai jamais être une pêche».

Génial, n'est-ce pas ?

Combien de fraises sont gaspillées dans l'effort fou de se transformer en pêches ?

Si tu te forces à être ce que tu n'es pas pour faire plaisir aux autres, tu ressentiras toujours une frustration.

Si tu deviens le meilleur toi-même et c'est un travail qui dure toute une vie, tu auras accompli ta mission.

LA CHASSE À L'ERREUR : QUEL JEU PERVERS!

Ce que je n'aimais pas quand j'étais professeure, c'était l'attention accordée aux erreurs. On grandit en croyant que la chose la plus importante, dans ce que l'on exprime, n'est pas la richesse ou la valeur ajoutée que l'on apporte, mais la faute que l'on commet. Personnellement, j'ai toujours adoré annoter sur les textes de mes étudiants des appréciations sur ce que je trouvais de positif et de beau.

«Bravo!» «Ce passage me touche !» «Génial!». Ça change tout. C'est une autre logique. La louange a une puissance extraordinaire. Si tu apprends à chercher ce qui est beau dans ce que tu fais, ce que tu as réalisé et ce que tu es, au lieu de t'acharner dans une chasse aux erreurs, tout d'abord tu vivras bien plus de moments heureux avec toi-même; ensuite, tu seras plus aimable avec les autres car tu les gratifieras de la même indulgence.

LA LIMITE DE «JE NE SUIS PAS DOUÉ»

Il y a un roman de Chiara Gamberale , «Dix minutes par jour», qui raconte une expérience réellement vécue par l'auteure. Ayant presque tout perdu (mari, travail, repères), la protagoniste est à la dérive.

Sa psychothérapeute l'invite à essayer un jeu : chaque jour, pendant dix minutes, elle fera une chose nouvelle, jamais expérimentée auparavant.

C'est comme ça que Chiara, au travers des actions que jamais elle n'aurait imaginé entreprendre, arrive à mieux se connaître et à prendre des résolutions qui rendent sa vie plus féconde.

Elle ne se pose pas de limites particulières : elle essaye la broderie, la cuisine, la danse hip-hop. Ce n'est pas que tout lui réussit, mais le sens de son aventure est tout autre.

Parfois, ça vaut la peine d'oser.

« Je ne suis pas doué », au bout du compte, c'est une limite inutile, et souvent une excuse. Pourquoi te priver du plaisir de faire une chose nouvelle ? Cela pourrait te réserver des moments d'authentique merveille.

ET SI ON ESSAYAIT ?

LE DÉFI OPTIMISTE - MODE D'EMPLOI

BUT DU JEU : Réaliser un défi par jour pendant 21 jours consécutifs.

DÉFI JOLLY : Si un défi te semble difficile ou impossible, pour des raisons pratiques ou de fortes résistances personnelles, tu pourras choisir un des 4 «Défis jolly» avec lequel le substituer. Tu peux répéter cette opération jusqu'à 3 fois.

SUGGESTIONS : Tu peux utiliser les pages vides pour annoter, jour après jour, tes expériences. Ça te sera utile pour bien apprécier et sentir ce que tu fais, et ce sera plaisant aussi de le relire avec distance.

CONTRE-INDICATIONS : Il n'y a pas de contre-indications particulières. Cependant, il est bien sûr important de faire de ton mieux pour ne pas sauter un jour. Suite à la parution de l'ouvrage du chirurgien Maxwell Maltz «Psycho-Cybernetics» (1960), qui expliquait que ses patients mettaient environ 21 jours pour s'habituer à leurs nouveaux visages, plusieurs recherches ont démontré que, pour acquérir une nouvelle habitude, il faut 21 jours. Ininterrompus, c'est mieux: si tu sautes un jour, il vaut mieux recommencer. Toutefois, comme les défis journaliers sont tous positifs, tu en ressentiras les bienfaits de toute façon chaque fois que tu en accompliras un. Donc, même si tu choisis seulement quelques défis, l'expérience sera agréable et pourra porter ses fruits.

QU'EST-CE QU'ON GAGNE ? Ça, c'est une surprise. Tu «risques» d'expérimenter des merveilles déjà pendant le défi. Au bout du compte, tu découvriras toi-même quels sont les changements que tu auras adoptés et que tu pourras maintenir.

VOILÀ LES DÉFIS JOLLY !

1. Parle à une plante
Peu importe si tu n'as pas le pouce vert. Ici, il s'agit juste de parler. Si tu veux, donne un nom à ta plante. Puis, dis-lui des choses douces.

2. Fais un compliment à une personne
Il peut s'agir d'un ami, d'un membre de ta famille ou d'un inconnu. Exemple: dis à la serveuse qu'elle a de belles lunettes; dis à ton ami que tu as apprécié son appel; dis à ta fille qu'elle est belle avec cette nouvelle coupe de cheveux.

3. Joue avec quelqu'un
Il peut s'agir d'un jeu de société, un jeu de cartes, ou d'un jeu inventé par vous. Le mieux, si tu peux, c'est sûrement de jouer avec un enfant.

4. Observe un animal
Reste quelques minutes ou, si tu peux, plus longtemps, en observant attentivement un animal, peu importe lequel : un canard, un hamster, un chat, un canari, un chien de garde (à distance c'est mieux). Tout est permis... pourvu que ce soit un animal.

Le défi optimiste

21 jours de bonheur

Deuxième partie : Les Défis

Jour 1

Écris cette fois où… tu as chanté, même si tu n'avais pas «pondu»

La «poule joyeuse», que l'on a rencontrée au début de ce livre, n'attend pas d'avoir accompli quelque chose (avoir pondu) pour être heureuse. Écris cette fois où tu as été heureux tout simplement dans l'être, dans le moment présent: en rencontrant une personne chère, en admirant un coucher de soleil, en souriant à un inconnu…

_____

_____

_____

_____

_____

_____

_____

_____

_____

Jour 2

Fais une surprise

Un appel inattendu à un ami, un petit cadeau à une personne chère, un coucou à ton voisin. Ne réfléchis pas trop. Amuse-toi.

_____
_____
_____
_____
_____
_____
_____
_____
_____
_____
_____
_____

Jour 3

Participe à une activité nouvelle pour toi

Y a-t-il une activité qui t'attire, qui captive ta curiosité, mais que tu n'as pas encore eu le courage d'entreprendre? Ceci est le bon moment pour essayer. Ça peut être un atelier d'art, de danse, d'iPad... libre à toi de te l'offrir.

_____
_____
_____
_____
_____
_____
_____
_____
_____
_____
_____

Jour 4

Mets le focus sur un sens, et prête-lui attention

Choisis un sens, puis, pendant toute la journée, concentre-toi sur celui-ci. Si c'est la vue, apprécie les nuances, les différentes caractéristiques d'une même couleur. Si c'est l'odorat, découvre des odeurs que tu n'avais pas encore remarquées. Si c'est l'ouïe, écoute les notes inconnues de la voix de tes proches, des personnes dans le métro, de tes collègues au travail... Si c'est le toucher, concentre-toi sur la sensation que te provoque ton coude sur la table, les bras d'un ami qui te disent bonjour...

Si c'est le goût, savoure lentement et peut-être, essaye le jeu des ingrédients. Je le faisais avec ma petite nièce. C'est très simple : on ferme les yeux, et, en goûtant, on cherche à deviner les ingrédients du plat. C'est un secret pour mâcher plus lentement... et savourer plus.

_____

_____

_____

_____

_____

Jour 5

Parle avec une personne inconnue

Souvent, une rencontre avec un inconnu peut réserver de merveilleuses surprises. Ce n'est pas nécessaire d'avoir de grandes choses à dire. Il suffit d'un «bonjour», et ça peut être le début d'une conversation agréable, ou, qui sait, d'une belle amitié.

_____

_____

_____

_____

_____

_____

_____

_____

_____

_____

_____

Jour 6

Fais une grimace (même face au miroir)

Eh bien oui. Pourquoi pas. Exagère. Amuse-toi.

_____

_____

_____

_____

_____

_____

_____

_____

_____

_____

_____

_____

_____

Jour 7

Partage une joie

Ça peut être une bonne nouvelle, petite ou grande. Ou tu peux raconter à quelqu'un une rencontre que tu as faite, et qui t' a comblé, une anecdote drôle, un moment de joie tout simple.

Jour 8

Colore une ou plusieurs images

Colorier a pour but de te détendre, de te relaxer. Comme quand tu étais enfant. C'est à toi d'établir combien de temps ça va te prendre. Tu peux y consacrer une demi-heure, dix minutes, un dimanche après-midi...
Par la suite, tu pourras coller tes images ici.

Jour 9

Fais une photoptimiste, ou choisis une photo qui te donne de la joie

C'est quoi une photoptimiste ? C'est une photo qui met en lumière la beauté : d'un paysage, d'une personne, d'un moment. C'est optimiste car c'est toi qui choisis de voir le côté heureux d'une personne, d'un lieu, d'un événement. Et de le fixer pour toujours. Tu peux aussi chercher une photo parmi celles que tu as déjà. Puis, fais-en un signet, ou colle-la ici. Écris si tu veux, une légende. C'est ton moment de bonheur, fais-en un chef d'oeuvre.

Jour 10

Goûte un nouveau plat

Et si ce plat bizarre, que jamais tu n'aurais imaginé goûter, s'avérait extraordinaire ?

Laisse-toi surprendre.

Jour 11

Fais, ou lis, une blague

N'aies pas peur de ne pas être suffisamment drôle. La vie est capable de nous fournir les meilleures occasions pour plaisanter : il suffit d'être à l'écoute. Ris, si tu peux, de toi-même aussi. C'est le meilleur antidote à la tristesse.

Jour 12

Écris une lettre à une personne avec laquelle tu as perdu le contact

Lance-toi, ose : les effets peuvent être formidables.

_____
_____
_____
_____
_____
_____
_____
_____
_____
_____
_____
_____
_____

Jour 13

Considère les conséquences positives d'un défaut ou d'une erreur qui appartient à ta vie

C'est vrai, on est tous pareils. On déteste nos défauts. Et c'est d'ailleurs la raison pour laquelle on déteste les défauts des autres. Mais souvent, ce que tu n'aimes pas en toi peut te réserver de belles surprises. Une fois, j'étais en retard à un rendez-vous avec Patricia, une amie. Quand je suis arrivée, toute essoufflée, Patricia m'a expliqué qu'en m'attendant elle avait eu la chance de rencontrer une vieille connaissance et en était ravie. Mon amie est une incurable optimiste? Peut-être. Mais c'est aussi vrai qu'une erreur n'est pas toujours la fin du monde, et peut générer quelque chose de beau, au-delà de nos attentes. Essaye de le voir comme ça, aujourd'hui.

_____

_____

_____

_____

_____

_____

Jour 14

Chante une chanson (face au miroir, dans le couloir, au téléphone)

Un jour, quand j'étais une enfant, je demandai à ma grand-mère : «Parle-moi de ta maman !»

«Elle chantait toujours», fut sa réponse.

Y a-t-il une meilleure façon de définir une personne ? Peu importe si tu es doué ou pas. Chante. Tu ne seras pas jugé par un comité. Ça gardera ton cœur en fête. C'est tout, et c'est déjà beaucoup.

_____

_____

_____

_____

_____

_____

_____

_____

_____

Jour 15

Écris cette fois où… tu as cueilli l'occasion de faire du bien.

On gaspille tellement de temps à regretter le bien qu'on n'a pas fait. Et si, pour une fois, tu te concédais de célébrer les occasions d'amour que tu n'a pas laissées s'échapper ?

_____

_____

_____

_____

_____

_____

_____

_____

_____

_____

Jour 16

Débute la lecture d'un livre d'un auteur que tu ne connaissais pas (Alternative: écoute une chanson ou un air de musique d'un artiste que tu ne connaissais pas)

Récemment, pendant un café littéraire, j'ai présenté des poèmes de Tagore, un auteur indien du siècle passé, prix Nobel de la littérature. Un participant est resté étonné: il était tellement heureux d'avoir découvert un nouveau poète. C'est vrai, on a tous nos auteurs préférés, qui ont parlé à notre imaginaire pendant longtemps. Mais parfois, ouvrir la porte à l'inconnu peut nous faire énormément de bien. C'est comme quand on décide de rencontrer un étranger, d'offrir une chance à une nouvelle amitié : ce n'est pas une trahison envers nos plus proches, c'est juste une belle occasion.

Jour 17

Siffle dans la rue (ou dans le couloir)

«Quel défi bizarre!» diras-tu. Et puis, la suite : je ne l'ai jamais fait, je suis gêné, j'aurai l'air fou. Peut-être. Mais la conséquence la plus probable c'est que quelqu'un te fera un beau sourire.

_____
_____
_____
_____
_____
_____
_____
_____
_____
_____

Jour 18

Ris

Savais-tu que le rire est tellement bon pour la santé que l'on organise des cours (le yoga du rire) pour apprendre à rire, même en se forçant ? Ris de ce que tu vois (la vie offre une panoplie d'opportunités), ou provoque le rire : regarde des sketches ou des films, lis une blague dans un magazine, un livre humoristique ou une bande dessinée drôle... Il y a tellement de choix. Ensuite, si tu le souhaites, écris une note pour t'en souvenir dans les moments les moins colorés.

_____

_____

_____

_____

_____

_____

_____

_____

Jour 19

Journée de la gratitude. Remercie la vie à chaque occasion.

Aujourd'hui, profite de chaque opportunité pour remercier la vie dans ton cœur, et quand tu peux, écris tes «merci». Commence par les choses les plus «évidentes» : merci pour ces couleurs que je peux voir; merci pour ce café que je peux boire ; merci pour cette rencontre et ce sourire…

_____
_____
_____
_____
_____
_____
_____
_____
_____

Jour 20

Journée de l'espoir. Écris ton souhait.

Ça peut être un souhait petit, ou plus important. Ne te censure pas. Il n'y a que toi pour le connaître.

_____

_____

_____

_____

_____

_____

_____

_____

_____

_____

_____

Jour 21

Journée de la fête. Célèbre toi-même.

Tu as rélevé le défi. Et si quelques fois ça n'a pas marché, ce n'est pas grave: célèbre-toi toi-même pour être parvenu jusqu'au bout. Maintenant, tu peux créer toi-même tes défis. Ceci est juste un «style» de vie. Chacun a sa façon d'être optimiste, sa méthode pour être heureux. Le secret, c'est de prendre l'habitude. Au bout de 21 jours, tu t'es habitué. Tu es devenu un habitué de l'optimisme. Félicitations. C'est la fête!!!

_____

_____

_____

_____

_____

_____

_____

_____

_____

www.ingramcontent.com/pod-product-compliance
Lightning Source LLC
Chambersburg PA
CBHW061335040426
42444CB00011B/2939